¡Encuéntralos en la naturaleza!

Las conchas marinas

por Jenna Lee Gleisner

Bullfrog en español

Ideas para padres y maestros

Bullfrog Books permite a los niños practicar la lectura de textos informativos desde el nivel principiante. Las repeticiones, palabras conocidas y descripciones en las imágenes ayudan a los lectores principiantes.

Antes de leer

- Hablen acerca de las fotografías. ¿Qué representan para ellos?
- Consulten juntos el glosario de las fotografías. Lean las palabras y hablen de ellas.

Durante la lectura

- Hojeen el libro y observen las fotografías. Deje que el niño haga preguntas. Muestre las descripciones en las imágenes.
- Léale el libro al niño o deje que él o ella lo lea independientemente.

Después de leer

- Anime al niño para que piense más. Pregúntele: Hay muchos tipos de conchas marinas. ¿Has ido a la playa? ¿Has encontrado una concha marina?

Bullfrog Books are published by Jump!
5357 Penn Avenue South
Minneapolis, MN 55419
www.jumplibrary.com

Library of Congress Cataloging-in-Publication Data

Names: Gleisner, Jenna Lee, author.
Title: Las conchas marinas / Jenna Lee Gleisner.
Other titles: Seashells. Spanish
Description: Minneapolis, MN: Jump!, Inc., [2025]
Series: ¡Encuéntralos en la naturaleza! | Includes index.
Audience: Ages 5–8
Identifiers: LCCN 2024003195 (print)
LCCN 2024003196 (ebook)
ISBN 9798892132459 (hardcover)
ISBN 9798892132466 (paperback)
ISBN 9798892132473 (ebook)
Subjects: LCSH: Shells—Juvenile literature.
Body covering (Anatomy) —Juvenile literature.
Animals—Adaptation—Juvenile literature.
Classification: LCC QL405.2 .G6518 2025 (print)
LCC QL405.2 (ebook)
DDC 591.47/7—dc23/eng/20240301

Editor: Katie Chanez
Designer: Molly Ballanger
Translator: Annette Granat

Photo Credits: Fuorit3mpo/Shutterstock, cover; Lucky Team Studio/Shutterstock, 1; Mauro Carli/Shutterstock, 3; GOLFX/iStock, 4; gerenme/iStock, 5, 23tm; Vaulot/Dreamstime, 6–7; koosen/Shutterstock, 7; agefotostock/Alamy, 8; michellegibson/iStock, 9; t sableaux/iStock, 10–11, 23tr; Michael Burrell/iStock, 12, 23bl; Travel Bug/Shutterstock, 13; victoriaKh/Shutterstock, 14; Me-and-Idea/Shutterstock, 14–15, 23bm; HildeAnna/iStock, 16–17; Bestjeab/Shutterstock, 18–19, 23tl, 23br; nutraveller/Shutterstock, 20–21; yod67/iStock, 22tl; Bonnie Taylor Barry/Shutterstock, 22tml; Tamara Kulikova/Shutterstock, 22tmr; Hurst Photo/Shutterstock, 22tr; Angel Simon/Shutterstock, 22bl; Silver Spiral Arts/Shutterstock, 22bml; Nigel Stripe/Shutterstock, 22bmr; Davydenko Yuliia/Shutterstock, 22br; Yaroslava/Shutterstock, 24.

Printed in the United States of America at Corporate Graphics in North Mankato, Minnesota.

Tabla de contenido

En la playa

Estamos en la playa.

Las olas traen las conchas a la costa.

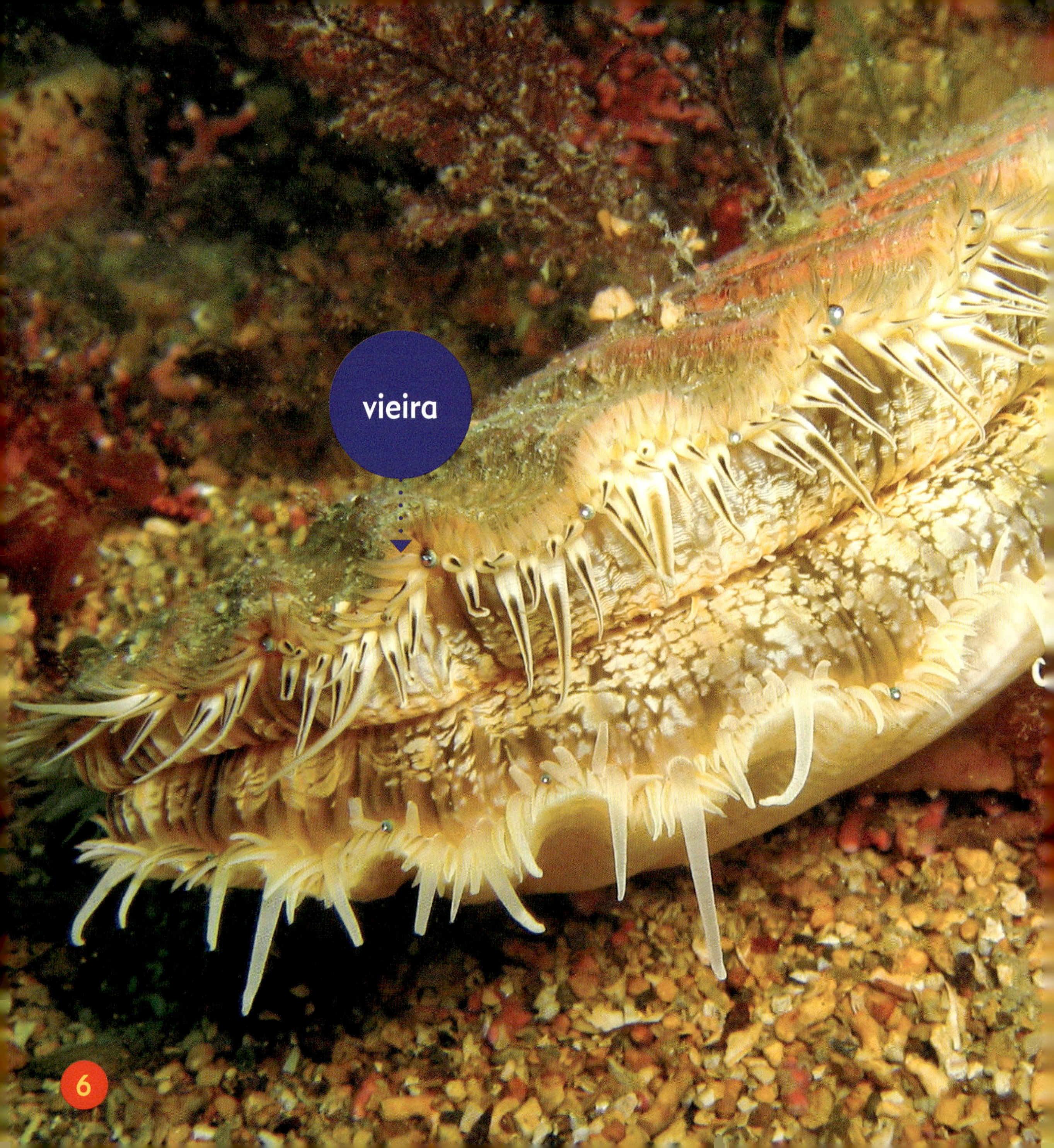
vieira

Ellas son duras.

Los animales pueden vivir en ellas.

Las almejas tienen dos conchas.

Las conchas de las almejas se abren y se cierran.

Estas se quebraron.
¡Encontramos una!

costilla

Los berberechos tienen costillas.

Ellos son de diferentes colores.

¡Qué chévere!

Las caracolas tienen puntas.
Ellas tienen una espira.

Los caracoles chiva también tienen una espira.

La punta es larga.

Ella es delgada.

La barrena es una espiral.
Parece un tornillo.

concha de barrena

estrella

¡Mira!

Una galleta de mar.

Ella es redonda.

¡Tiene una estrella!

¡Este es un caracol melón gigante!

Es liso.

Tiene una abertura grande.

caracol
melón
gigante

caracol
campechana

Este es un caracol campechana.

¡Es una casa!

¡Un cangrejo vive en el caracol!

Empareja las conchas

Empareja cada concha con su nombre. ¡Busca la información en el libro si necesitas ayuda!

barrena | almeja | caracola | berberecho

galleta de mar | caracol campechana | caracol melón gigante | caracol chiva

Glosario de fotografías

abertura
Un hoyo o espacio en algo.

costa
La tierra a lo largo de la orilla de un océano o de otro cuerpo de agua.

costillas
Líneas que sobresalen.

espira
Una estructura que llega a una punta en la cima.

espiral
Algo que da vueltas en una curva alrededor de un punto fijo.

liso
Que tiene una superficie plana y sin bultos.

Índice

Para aprender más

Aprender más es tan fácil como contar de 1 a 3.

1. Visita www.factsurfer.com
2. Escribe “lasconchasmarinas” en la caja de búsqueda.
3. Elige tu libro para ver una lista de sitios web.